Cenicienta

Adaptado por Alan Trussell-Cullen

Ilustración por Steven Pileggi

Había una vez una niña muy triste llamada Cenicienta. Su madrastra era mala con ella. La madrastra hacía que Cenicienta se vistiera con ropa vieja y que hiciera todo el trabajo.

La madrastra tenía dos hijas propias. Eran muy feas, pero ella pensaba que eran bonitas. Las vestía con ropa fina. Las hijas no trabajaban y se burlaban de Cenicienta.

Un día, el rey envió una carta a todo el pueblo. "Le voy a hacer un baile a mi hijo, el príncipe," dijo. "Por favor asistan." "¡Vamos a tener nuevos vestidos de fiesta!" dijeron las hermanas feas.

La pobre Cenicienta no tenía un vestido de fiesta.
Ella iba a tener que quedarse en casa.

Esa noche Cenicienta recibió una gran sorpresa. ¡Su hada madrina apareció! "Cenicienta," dijo el hada, "deberías ir al baile." Ella tocó a Cenicienta con su varita mágica.

Cenicienta se miró. ¡Tenía puesto un bello vestido de fiesta! En sus pies brillaban unas zapatillas de cristal.

"Oh, gracias," dijo Cenicienta, "pero, ¿cómo voy a llegar al baile?" Su hada madrina le dio un golpecito a una calabaza. ¡Se transformó en una carroza! ¡Luego transformó dos ratones en dos caballos!

"Ve al baile, Cenicienta," dijo el hada madrina, "pero te debo hacer una advertencia. La magia solo va a durar hasta la media noche. Debes irte del baile antes de que el reloj marque las doce."

Cuando Cenicienta llegó al baile, todo el mundo estaba asombrado. "¿Quién es esta bella dama?" susurraron. "¡Qué vestido maravilloso! ¡Y cómo relucen las zapatillas de cristal!"

El príncipe también estaba encantado con ella. Él bailó con ella toda la noche.

Cenicienta estaba muy feliz, cuando el reloj comenzó a dar las campanadas de las doce de la noche. "¡Ay no!" dijo Cenicienta. Así que salió corriendo del salón de baile.

Mientras corría, ella perdió una de las zapatillas de cristal. El príncipe la encontró. "A quién sea que le quede esta zapatilla en el pie, será mi esposa," dijo el príncipe.

El príncipe recorrió el pueblo buscando a Cenicienta. Todo el mundo se probó la zapatilla de cristal, pero a nadie le quedaba bien.

Finalmente, el príncipe llegó a casa de Cenicienta.
Sus hermanas feas se probaron primero la zapatilla.
"¡Ay! ¡Eso duele!" gritaron. Luego, el príncipe le pidió a Cenicienta que se probara la zapatilla.

Le quedó perfectamente bien en el pie. ¡El príncipe estaba muy contento! "¿Te casarías conmigo?" le preguntó. "¡Sí, lo haría!" dijo Cenicienta. Cenicienta y el príncipe se casaron y vivieron muy felices para siempre.